Mögen hätt' ich schon wollen

Karl Valentin

Mögen hätt' ich schon wollen

rosenheimer

Liebe Leserin,
lieber Leser,

Sie halten hier einen Fotoband in Ihren Händen, der sowohl Bühnenfotos von meinem Urgroßvater enthält als auch private Aufnahmen, die den Menschen Valentin Ludwig Fey, genannt Karl Valentin, zeigen.
Über seine Bühnen- und Filmlaufbahn wurde schon viel Gescheites und auch manchmal weniger Gescheites geschrieben und gesagt, oder – wie Karl Valentin selbst einmal bemerkte: Es ist schon alles gesagt, nur noch nicht von allen. So bat mich der Verlag, als Enkelin von Karl Valentin ein paar Zeilen zu schreiben, die ein Licht auf Valentin Ludwig Fey und sein privates Umfeld werfen und Ihnen, geneigter Leser, damit auch den Menschen näher bringen.

Karl Valentin kaufte in den 20er Jahren des letzten Jahrhunderts ein Haus in Planegg, das Valentin-Haus. Seine Frau Gisela ließ das Haus auf sich übertragen, damit er es nicht zur Finanzierung seiner doch manchmal recht abenteuerlichen, wenn auch interessanten Unternehmungen zu Geld machen konnte – wie zum Beispiel für seine Ritterspelunke oder das Panoptikum, um nur zwei zu nennen. Ich lebe heute noch in diesem Valentin-Häusl in Planegg, in dem auch mein Großvater viele Jahre bis zu seinem Tod lebte.
Ich habe noch viele Erinnerungen an Ihn und die gemeinsame Zeit. Die Werkstatt, die er an das Haus anbauen ließ, steht heute noch genauso wie früher. In der schlechten Zeit, als er kein Engagement mehr bekam – seine Art des Humors war in den letzten Kriegs- und ersten Nachkriegsjahren den Menschen zu bitter und zu schwierig – drechselte er – denn er war ja gelernter Schreiner – für viele Planegger Bürger Kochlöffel, Nudelhölzer, Dosen und andere Kleinigkeiten, um sich vom Erlös Zigaretten kaufen zu können. Mir selbst schreinerte er eine „Griffelschachtel“, einen Schulranzen aus Holz für die erste Klasse, einen Kreisel und Griffe für mein Sprungseil sowie einen Kasperlkopf, für den die Oma dann Kleider schneiderte. Er zimmerte auch eine Guillotine, die immer an der Werkstatt lehnte. Als er gefragt wurde, wozu

diese denn gut sei, antwortete er sehr ernst: „Meine Enkelin braucht ja schließlich auch etwas zum Spielen.“

Nichts ist wie es scheint – tatsächlich jedoch war mein Großvater sehr ängstlich, daher durfte ich nicht oft im Garten spielen. Er war der Meinung, es könnten Nägel aus der Werkstatt im Gras liegen, an denen ich mich verletzen könnte. Mein Opa hatte aber auch fürchterliche Angst vor Einbrechern, so dass an unserer Haustüre ein Schild mit der Aufschrift „Metzgermeister Rempremerding“ hing, damit der Einbrecher denken sollte: „Oh ein Metzgermeister, der hat sicher ein großes Messer.“ Ich kann mich aber auch noch gut an eine Begebenheit erinnern, als meine Großeltern dachten, es sei ein Einbrecher im Garten. Da ist mein Opa sofort mit seiner Pistole, die er aus der Zeit hatte, als er nach seinen Vorstellungen oft spät nachts durch München nach Hause musste, in den Garten gelaufen, um den Einbrecher zu stellen.

Eine weitere Eigenschaft, die meinen Großvater auszeichnete, war seine Tierliebe. Meine Großeltern hielten sich in der schlechten Zeit Hühner. Da war ein Huhn dabei, das sich angewöhnt hatte, meinen Großvater durch das Werkstattfenster bei der Arbeit zu beobachten. Ich weiß nicht, ob er dem Huhn einen Namen gegeben hatte, aber ich weiß, dass das Huhn an Altersschwäche und nicht durch die Guillotine starb.

Ich könnte noch viele Geschichten aus meiner Kindheit mit den Großeltern im Planegger Valentin-Häusl erzählen, aber Sie haben sich das Buch ja gekauft, um sich die Bilder anzusehen und nicht mein „Geschreibsel“ zu lesen. Nur soviel noch zum Abschluss, ich denke heute noch gerne an meine ungewöhnliche Kindheit mit meinem Großvater zurück.

Wenn Sie sich jetzt die Bilder ansehen, wünsche ich Ihnen viel Spaß und denken Sie bei den Bühnenbildern daran: „Nichts ist wie es scheint.“

Ihre Anneliese Kühn

Als ich die Hebamme
sah, die mich empfing,
war ich sprachlos –
ich hatte diese Frau
ja noch nie in meinem
Leben gesehen.

Hoffentlich wird
es nicht so schlimm,
wie es schon ist.

Ich bin kein direkter Rüpel, aber die Brennnessel unter den Liebesblumen.

Der Bobsi
bellt zwar laut,
aber dafür
folgt er nicht.

Mischen S'Ihnen nicht in andre Leut nei, mischen Sie sich lieber in sich selbst nei!

Nenn' mich nicht
Walentin, du nennst
ja auch nicht deinen
Vater Water.

War jetz' des gestern oder im 3. Stock?

Es ist schon
alles gesagt,
nur noch nicht
von allen.

Wissen Sie schon,
dass man ein
weiches Ei nicht
als Zahnstocher
benutzen soll?

Heute ist die
gute alte Zeit
von morgen.

K. Valentin

Mögen hätt' ich
schon wollen, aber
dürfen hab' ich
mich nicht getraut.

Ich bin auf Sie angewiesen, aber
Sie nicht auf mich!
Merken Sie sich das!

Ich freue mich heute noch, dass es mir gelungen ist, den heutigen Tag noch zu erleben.

Optimist: ein
Mensch, der die
Dinge nicht so
tragisch nimmt,
wie sie sind.

Sicher is', dass
nix sicher is',
drum bin i
vorsichtshalber
misstrauisch.

Ich kenne keine Furcht, es sei denn, ich bekäme Angst.

Der Brunnen macht,
wie Sie sehen, einen
wässrigen Eindruck.

Wenn der Mensch gestorben ist, ist er tot – das ist sicher, also todsicher, wie man so sagt.

Siehst, so was ähnliches ist mir schon passiert, das ist genauso wie das, nur wieder anders.

Alle reden vom Wetter, aber keiner unternimmt was dagegen.

Eigentlich bin ich froh,
dass ich den Ring
verloren hab', wie leicht
hätt's sein können, dass
er mir amal gestohl'n
worden wär'.

Was ein Häkchen werden will, krümmt sich bei Zeiten, natürlich habe ich mich auch sofort gekrümmt, bis heute. Und jetzt bin ich ein alter Haken, der sich unmöglich noch grad biegen lässt.

Ein so kleiner Schirm
und trotzdem wird
man nicht nass,
wenn es nicht regnet.

Atelier Düll
MÜNCHEN
Türkenstr. 31.

Eine runde, dunkelschwarze Platte hätt' ich gern.

Wissen Sie schon,
dass Pfingsten vor
Ostern kommt, wenn
man den Kalender
von hinten liest.

Karl Valentin

Münchener Komiker

Des is' wia bei jeder Wissenschaft, am Schluss stellt sich dann heraus, dass alles ganz anders war.

Herr Richter, ich
wollte ja mehr aus
der Kasse nehmen,
aber es war nicht
mehr drin.

Das war noch ein
goldenes Zeitalter
bis 1914, dann
ist der Saustall
losgegangen.

Kunst kommt von
können, nicht von
wollen, sonst müsste
es ja Wunst heißen.

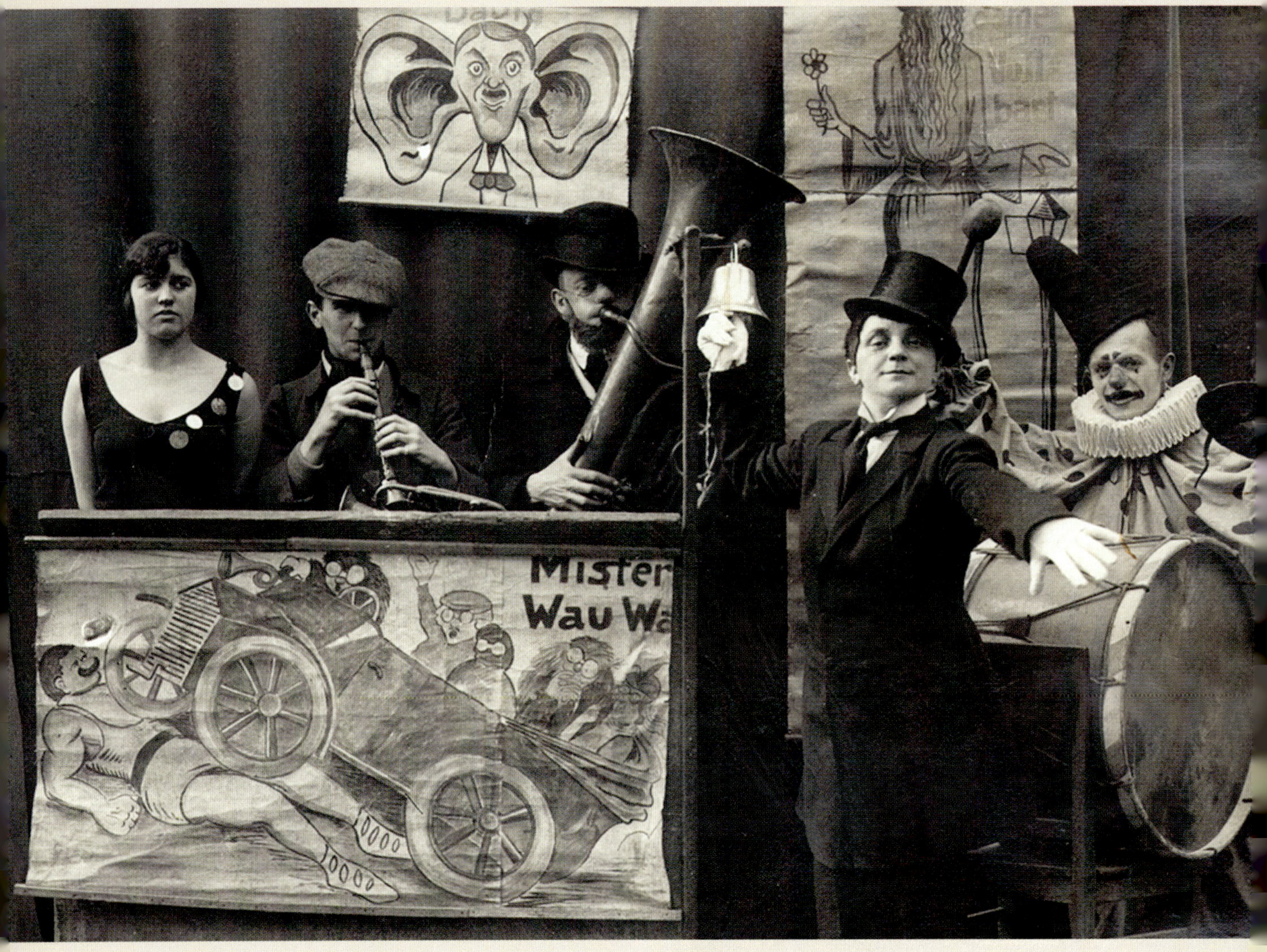
Mister
Wau Wa

Kunst ist schön,
macht aber viel
Arbeit.

Gar nicht krank
ist auch
nicht gesund.

Der Mensch ist gut, die Leut' sind schlecht.

Wer am Ende ist,
kann von vorn'
anfangen, denn das
Ende ist der Anfang
von der anderen Seite.

Die Zukunft war früher auch besser.

Fremd ist der Fremde nur in der Fremde.

Jedes Ding hat drei
Seiten, eine positive,
eine negative
und eine komische.

Zum Reparieren brauchen wir mindestens zwei bis zehneinhalb Tage.

Wissen Sie schon, dass München heute 76 Kinos mehr hat – gegen null Stück im Jahre 1848!

Gedanken über das Jenseits kann man natürlich nur im Diesseits haben.

VALENTIN·LUDW·FEY
-KARL·VALENTIN-GENANNT
GEB. 4.6.1882 GEST. 9.2.1948

Vor den Wanzen hab' ich an direkten Abscheu, die mag ich nicht amal streicheln.

Sie sind der Aller-
jüngste, schämen
Sie sich, dass Sie
noch so jung sind!

Valentin sucht ein
Notenblatt, er findet
es nicht: „Das muss ich
verlegt haben – ich bin
der reinste Verleger.“

Hätte ich Tränen dabei gehabt, ich hätte dieselben geweint.

Ich habe Bildung
nie mit dem Löffel
gegessen, nur mit
der Messerspitze.

Der Dings, na ja der halt, der braucht gar nicht mehr kommen, den fotografieren wir gleich auswendig.

Singe, wem
Gesang
gegeben.

Zuerst wartete
ich langsam, dann
immer schneller
und schneller.

Am sichersten war's halt, wenn ma sein Wahlzettel acht Tag' nach der Wahl abgeb'n kann. Na wisst ma scho' wer die Stimme noch braucht.

Jetzt, wo ma a rost-
freies Eisen erfunden
hat, will koana mehr
a Ritterrüstung.
So san s' d' Leit.

Wenn mir die
andern nicht
immer vorgefahren
wären, wäre ich
der Erste gewesen!

Eigentlich wollte ich ja
Schuhplattler werden!
Aber bei meine
dünnen Füaß tat i ja
allewei' daneben hau'n!

Carl
Valentin

Als Kind hab ich mit an Kasperl g'spielt – heute spiel' ich an Kasperl. Das ist ein gewaltiger Unterschied!

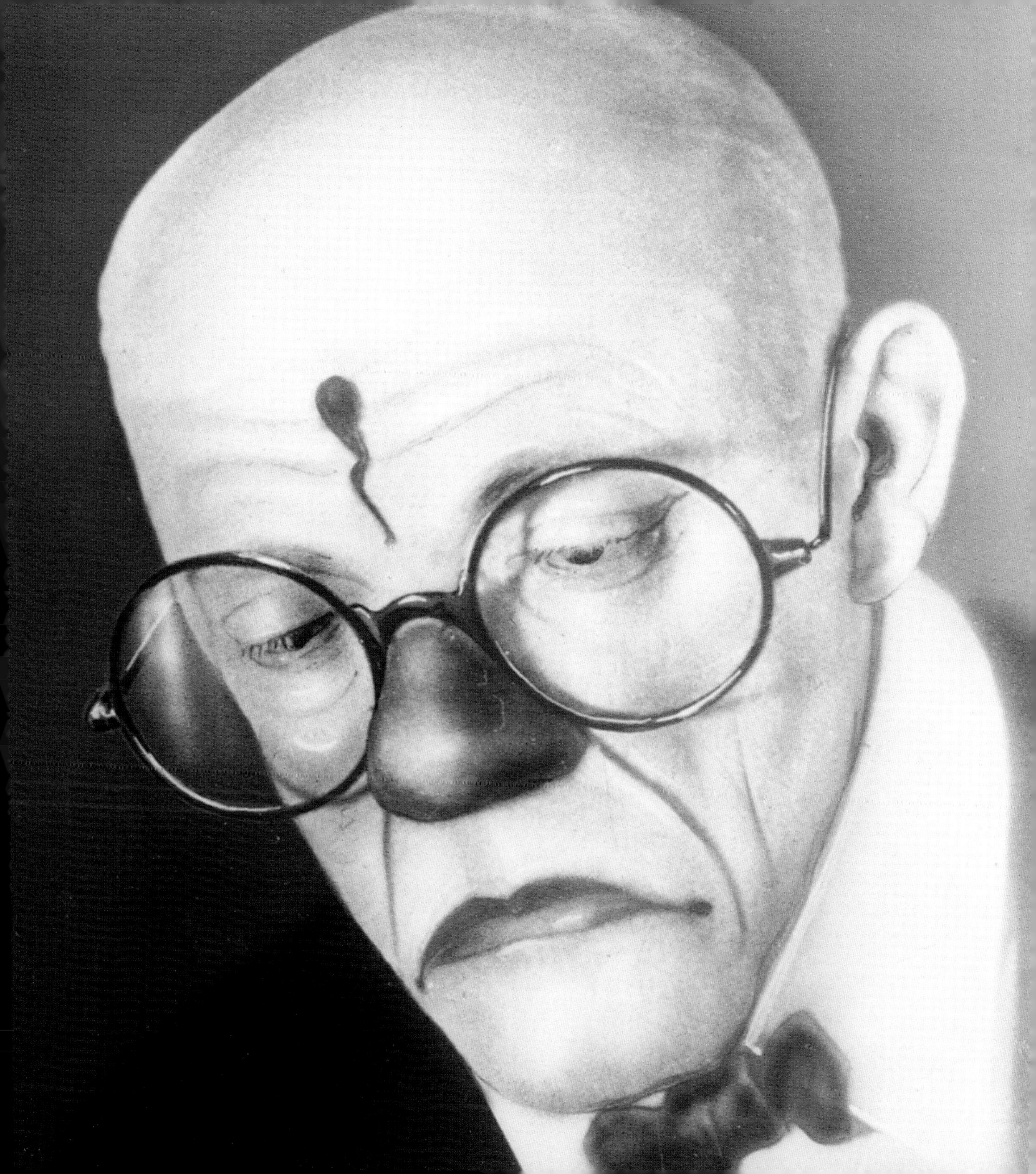

Wie die Zeit vergeht –
jetzt san's genau 49 Jahre
seitdem ich geboren bin,
ich siech' mich no wia heit!

Nach Berlin san mir
zwoa nur g'fahrn,
weil mir uns vier Wochen
aufs Heimfahrn freun
ham können!

Als Valentin zu einer Filmaufnahme fast eine Stunde zu spät erschien, meinte der Regisseur wutentbrannt: „An ihrer Stelle wäre ich gleich gar nicht gekommen!“ Gelassen meinte Valentin: „Ja Sie! Aber unsereiner hat ja ein Verantwortungsbewusstsein!“

Kurz vor dem 2. Weltkrieg löste sich die Verschraubung eines Flügels des Friedensengeldenkmals, was zum Stadtgespräch wurde. Valentin dazu: „Verdenken kann i's dem ned, dass er d'Flügel hänga lasst!"

Valentin ist eigentlich zum Tod durch Enthauptung verurteilt. Da der Henker wegen Schlamperei aber das Beil nicht findet, will der Richter auf Tod durch den Strang umdisponieren. Valentin aber kennt auch noch auf dem Richtplatz seine Paragrafen: „Ausgeschlossen!
In meinem Urteil habe ich es schwarz auf weiß: Enthauptung. Ich bestehe darauf, dass ich geköpft werde, und zwar sofort. Jetzt bin ich schon amal da, und Abschied hab ich auch schon genommen von meinen Angehörigen – also los! Runter mit'n Kopf! Scheißt's net so lang rum."

Nach dem Atombombenkrieg brauchen wir nichts mehr aufbauen, weil dann alles hin ist – überhaupt alles. Da gibt's keine Menschen mehr, keine Häuser und vielleicht nicht amal mehr eine Weltkugel. Dann gibt's auch keine Regierungen mehr – auch kein viertes Reich und kein fünftes Reich – nur mehr ein Himmelreich. Und dann is' – Gott sei Dank – endlich a mal a Ruah – in aller Ewigkeit Amen!

Kunigunde: Aber Heinrich! Deine Frau ist doch schon lange tot.
Valentin: Was? Mei Frau? Naa.
Kunigunde: Doch, Heinrich! Schon seit zehn Jahren ist deine Frau tot.
Valentin: Was?! Mei Frau ist tot? Ja, dass die mir nie was g'sagt hat davon! Drum hab i de schon so lang nimmer g'sehn.

Wissen's, a Pfarrer tut sich bei einer Grabrede viel leichter wie unsereins! Weinen tun die Leut' viel lieber. Bis mir Komiker einen zum Lachen bringen, des is viel schwerer.

Spaßvogel!
Sie sind ein
witziger Bold.

Beschreibung der Bilder

S. 2: Karl Valentin bei Tonaufnahmen (1940)
S. 7: Valentin Ludwig Fey im Alter von drei Jahren
S. 8: Atelieraufnahme (1905)
S. 11: Karl Valentin im Planegger Garten mit Ehefrau Gisela (rechts) und einer Freundin der Familie Frl. Wöhrle
S. 12: mit Hund Bobsi (um 1940)
S. 14: der „Menter Xaver hat Zahnweh" (um 1919)
S. 16: mit Tochter Berta (1928)
S. 19: Aufnahme zu einem Couplet (um 1915)
S. 20: Portrait mit Perücke (1930er Jahre)
S. 23: Szenenfoto aus „Der Firmling" (1934)
S. 25: Karl Valentin bei seiner Konfirmation (1896)
S. 26: Karl Valentin (oberste Reihe, Dritter von rechts) empfand seine Schulzeit als „siebenjährige Zuchthausstrafe"
S. 28: im Garten des Planegger Hauses bei der Gartenarbeit
S. 31: Gruppenbild im Planegger Garten mit Tochter Berta, (oben, Zweite von links) und Ehefrau Gisela (unten rechts)
S. 33: Szenenbild aus dem Film „Straßenmusik" (1936)
S. 34: Valentins Tochter Berta (1937)
S. 36: Szenenfoto aus dem Stummfilm „Karl Valentin und Liesl Karlstadt auf der Oktoberfestwiese" (1923)
S. 38: mit seinen Eltern Johann Valentin Fey und Maria Johanna Fey im Garten des elterlichen Anwesens (um 1900)
S. 41: Szenenfoto aus „Der Bittsteller" – der Film durfte ab 1938 wegen Elendstendenzen nicht mehr gezeigt werden
S. 42: Resl Wittmann und Karl Valentin auf einem Maskenball im Bürgerbräu in München (um 1900)
S. 44: Valentins Bruder Karl (geb. 1873), der 1882 an Diphterie stirbt.
S. 46: Valentin als Recke Heinrich in „Ritter Unkenstein" (1940)
S. 49: Portraitaufnahme aus dem Film „Donner, Blitz und Sonnenschein" (1936)
S. 51: Ehefrau Gisela (1905)
S. 53: Soloszene (1915)
S. 55: Portraitaufnahme (um 1930)
S. 57: Valentin als „Blitzdichter" (1915)
S. 59: als Alois Greininger in der Szene „Umzug in Giesing"
S. 61: Valentins Mutter Maria Johanna Fey, geborene Schatte
S. 62: Valentin Ende der 1920er Jahre
S. 64: mit Künstlerfreund Bertolt Brecht (Zweiter von links) und Liesl Karlstadt (Zweite von rechts) 1932 auf dem Oktoberfest
S. 67: Bild zum Couplet „Karre, rauch doch nicht diese Zigarre!" (1908)
S. 69: Maskenbogen
S. 70: als Orientalischer Zauberer (1915)
S. 72: Valentins Vater Johann Valentin Fey
S. 75: als betrunkener Matrose im Stück „An Bord" (1930)
S. 77: Atelieraufnahme (1930)
S. 78: Szenenfoto aus „Sturzflüge im Zuschauerraum" (1916)
S. 81: Szene mit dem Titel „Moritat" (1915)
S. 82: Karl Valentins Grab in Planegg
S. 85: in der Pose des genialen Konzertmeisters
S. 87: als „Vereinsredner" (1937)
S. 88: Atelieraufnahme (1916)
S. 90: Portraitaufnahme (1905)
S. 93: Valentin in seiner Ausbildung zum Schreiner (1897)
S. 95: Szenenbild „Im Photoatelier" (1932)
S. 97: Karl Valentin als Sänger
S. 98/99: unbekannt
S. 101: Portraitaufnahme
S. 102: im Film „Donner, Blitz und Sonnenschein" (1936)
S. 105: als Herkules (um 1916)
S. 107: in einer frühen Soloszene als Fagottspieler (1910)
S. 109: Szene aus dem Film „Musik zu Zweien"
S. 110: Valentin hoch zu Roß
S. 113: mit Ehefrau Gisela (1929)
S. 115: unbekannt
S. 117: „Der Herr Friedensengel", Fotomontage (1925)
S. 118: als Mars in „Drei Stunden im Himmel", Uraufführung im Monachia (1921)
S. 121: Valentins Haus in Planegg und Ansichten des elterlichen Anwesens (Mitte und rechts oben)
S. 122: mit Ehefrau Gisela in Planegg
S. 125: im Film „Die Erbschaft" 1936
S. 126: Karl Valentin in jungen Jahren (um 1900)

Impressum

Besuchen Sie uns im Internet:
www.rosenheimer.com

Alle Texte und Bilder in diesem Band wurden mit freundlicher Genehmigung von Anneliese Kühn, der Enkelin von Karl Valentin, zur Verfügung gestellt.

Seitenlayout und Satz: avak Publikationsdesign, München
Lithografie: Scan Stragenegg, Kolbermoor
Druck und Bindung: Ludwig Auer GmbH, Donauwörth

Printed in Germany

ISBN 978-3-475-53843-8